AF254255

La orilla libre

The Free Shore

PARED CONTIGUA

Colección de poesía

Poetry Collection

ADJOINING WALL

Pedro Larrea

LA ORILLA LIBRE

THE FREE SHORE

Translation by

Zachary Rockwell Ludington

Nueva York Poetry Press LLC
128 Madison Avenue, Oficina 2RS
New York, NY 10016, USA
Teléfono: +1(929)354-7778
nuevayork.poetrypress@gmail.com
www.nuevayorkpoetrypress.com

**La orilla libre
The Free Shore
© 2018 Pedro Larrea**

© Contratapa: Juan Carlos Mestre

ISBN-13: 978-1-7326314-3-4
ISBN-10: 1-7326314-3-3

© Colección *Pared contigua* vol. 1
Homenaje a María Victoria Atencia

© Traducción:
Zachary Rockwell Ludington

© Concepto de colección y edición:
Marisa Russo

© Diseño de colección y cubierta:
William Velásquez Vásquez

© Fotografía de portada:
Pedro Larrea

© Fotografía del autor:
Kris Davidson

Larrea, Pedro
La orilla libre /The Free Shore. Pedro Larrea; 1ra edi-- New York: Nueva York Poetry
Press, 2018. 160p. 5.25 x 8 inch.

1. Poesía española. 2. Poesía peninsular. 3. Literatura europea.

Impreso en los Estados Unidos de América

Para Miguel Ángel Muñoz Sanjuán

Elegía del tiempo

Yo mezo cauces mientras tú tus límites.
Martilleo el tambor que estampa tandas
de eco y espolvorea sal mordiente
para cavar aquel camino tuyo.

Yo me limito a difundir el ritmo
de tus inevitables pies pesando
y si te pongo piedras te pago con el norte:
es por aquí, por donde afilan palas.

Pero tú no comprendes mis latidos
ni comprendes que pronto te amasaron
para caber con pulso en mi estuche implacable.

Y no con mecanismo sino con piel absuelta
traspasarás los péndulos sin perdonarme entonces
que te haya destilado y sobreviva.

Elegy of Time

I sway riverbeds while you, your limits.
I hammer the drum that stamps recurring
echoes and I scatter the biting salt
to carve out that path of yours.

I keep to propagating the rhythm
of your inevitable stomping feet and if I place
stones before your steps I'll pay you with the north:
it's through here: where they sharpen shovels.

But you don't understand my heartbeats
and you don't understand that they gathered you here fast
to place you with a pulse in my persistent box.

Not with a mechanism but with guiltless skin
you'll break through the pendulum without forgiving me
for having distilled you and survived.

I

Hundo mis dientes en la piel punzante de las uvas invernales
porque el pan de hielo deje migas taladoras en los labios.

Así la primavera cavará con más licor la comisura de la espiga.

I drop my teeth into the scouring skin of winter grapes
so that the icebread might strew its hewing crumbs upon my lips.

Now spring will carve out with greater liquor the dimple of the grain.

Hemos ido afilando los contornos
con la lima del tacto en el enjambre.
Mañana olvidaremos las virutas
entre las sábanas rotas del día.

Pero ahora dormiremos
otra noche sin dormir: aún nos queda
piel de espada en la luna
macedonia de labios bajo el sol.

We've been sharpening the outlines
with touch's file inside the swarm.
Tomorrow we'll forget the shavings
between the broken sheets of day.

But now we'll sleep
another sleepless night: we still have
sword-skin in the moon,
medleys of lips beneath the sun.

Más descansas en la nieve que en cualquier cojín de escombro.
El estrépito del hombro no se aplaca si no llueve
limadura de sal breve sobre el heno sorprendido.
Cuando apenas te has vestido de la nieve se derrite
lo más hondo y se repite la estación, no su sonido.

You rest more in snow than in any cushion of debris.
The clatter of a shoulder sees no calm unless it rains
quick-fleeting grains of salt down on astounded bales.
When you've just put on your clothes the deepest snows
begin to melt. The season echoes, but not its sound.

Lápiz de carne en mi espalda tus yemas
dibujan en la arcilla palabras que no dices con la boca.

Dedo de tinta en tu ausencia mi boca
dibuja en el papel palabras que no digo con las yemas.

Pencil of flesh in my back your fingers
sketch words in the clay that you don't say with your mouth.

Hands of ink your absence in my mouth
sketches words on paper that I don't say with my fingers.

No sé qué se desvela
en tu fotografía.
Se me ha vuelto a clavar
su filo en las costillas.

Negativo de abeja.
Instantánea de avispa.

Not sure what comes out
in your photograph.
Its line has come back
to lodge among my ribs.

Negative of a bee.
Snapshot of a wasp.

Hélice ambigua de tu cuerpo
bebe y empapa carne y carne en ajedrez de petirrojos.

La brisa pulsa y pulsan tus papilas.

Ambiguous helix of your body
drinks and soaks flesh and flesh in robins' chess.

The breeze pulses and your taste buds also pulse.

Tú las nombraste al morderlas.
Las cerezas lo son porque te gustan.

Tú me mordiste al nombrarme.
Mi boca es boca porque tú la desmenuzas.

Biting them you named them.
Cherries are such because you like them.

You bit me in naming me.
My mouth is mouth because you wreck it.

Nunca cupo tanto octubre en una vulva.

La esgrima de tus uñas en la piel de las almendras.

Never was there so much October in a vulva.

The swordplay of your nails on the skin of almonds.

Mordiste una granada y en tus dientes
quedó la sangre presa para esculpir anillos
sobre esta piedra suave de mis hombros.

Maceraste un limón entre tus labios
para empapar mi piel con su pulpa de estrella
y así apurar el jugo azul del poro.

Hundiste tus encías en las ascuas
de un gajo de naranja que en el panal de lenguas
me incendió el paladar hasta el rescoldo.

Y cuando abandonaba la viña incandescente de tu cuerpo
se me quedó la carne enfrutecida.

You bit a pomegranate and in your teeth
the blood sat prisoner to sculpt rings
on the smooth rock of my shoulders.

You crushed a lemon between your lips
to soak my skin with its starry pulp
and thus wring out the blue juice of the pore.

You buried your gums in the embers
of a slice of orange that in the honeycomb of tongues
burnt my palate down to cinders.

And as I left the incandescent vine of your body
my flesh was fructified.

Para dormir en tus muslos robé el mapa del verano al mercader de
          ginebra
y la brújula espumosa a la estrella de la tarde que al arder cuajó en
          cerezo.

Cuánto amor me saqueaste de las arcas de la luz por tenderme a tu
          penumbra.
Cuánto amor por descifrar el indicio de ceniza que encontré bajo tu
          esfinge.

To sleep between your thighs, I stole the gin merchant's map of
    summer
and the frothy compass from the evening star that, burning, firmed
    to cherry.

 All the love you pilfered from my coffers of light to lay me in your
    shade.
All that love for deciphering the trace of ash I found beneath your
    sphinx.

Por la duna de tu cuello comprendí al nómada
que extingue la fogata de sus ojos al buscar en el oasis un eclipse.

En el dátil de tu cuello cuaja la duplicidad del vino.
Un dedal de sombra aplacará mi córnea en la salumbre.

From the dune of your neck I understood the nomad
who snuffs out the beacon of his eyes chasing an eclipse in the oasis.

In the sweet date of your neck the duplicity of wine solidifies.
A thimble-full of shade will calm my pupils in the brine.

Sólo supe de ti que yo hibernaba en tu esternón de azúcar
templando con mis yemas el arpa de tu pelo amanecido.
La música forjó sortijas de azahar entre mis dedos
mientras yo crepitaba en cada nota por tiritar tus tímpanos.

Pero no despertaste.

                    La lumbre no recuerda tronco alguno
de aquel sauce sin tregua que olvidaron mis huellas en tus huesos.

I learned from you that I was hibernating in your sternum of sugar
tempering with my fingertips the harp of your auroral hair.
The music forged bands of orange blossom between my fingers
while I crackled in each note to tremble at your eardrums.

But you did not wake.

        The flame does not remember any trunk
of that relentless willow forgotten by my fingers on your bones.

Cuál es mi permanencia en tu anular.

La del copo en las pinzas del cangrejo.

What is my permanence on your ring finger?

A snowflake's in the pincers of a crab.

Yo aprendí en tu cintura una danza abisal
como quien localiza bajo el mar el paradero de las ánforas.

No encubras la evidencia carmesí del oscuro picotazo
y llévame a dormir donde pernocta el vientre de la abeja.

I learned in your waist a dance of depths
like one who finds, under the sea, the resting place of amphorae.

Don't hide the crimson evidence of the shady peck.
Carry me away to sleep next to the belly of the bee.

Tus ojos son clientes de hielo en el mercado de la playa.

Por derretirlos madrugaban
el aprendiz de pescador y la batuta de los vientos.

Your eyes are customers of ice in the barter of the beach.

For melting them, these would wake up early:
the fisherman's apprentice and the weather's wand.

Abrazo de amor.

Este pájaro que teje un tajo aquí en el vientre
meciendo mariposas en la mamba de los brazos.

Su nombre se pronuncia cuando talas mi cintura con tus dedos.

Permíteme viajar, amor, entre tus manos.

Embrace of love.

This bird cleaves a course here in the belly
balancing butterflies in the boa of the arms.

Its name rings out when you cut my waist with your fingers.

Permit me voyage, love, into your hands.

Dos magnolios enlazados.

Tú te buscas el punto que te gusta
y yo sólo te ayudo a sorprenderlo.

Una ardilla que se arriesga.

Two magnolias intertwined.

You search for the point you like
and I just help you pounce on it.

A squirrel out to risk it all.

El invierno me entretuvo.
Su caparazón de coco se me cuajó en los tendones
y le impuso a mis cartílagos calavera en vez de alud.
En mí se practicó la creación del hielo
pero nadie pudo silenciar para mi oído
la tenacilla del polen cuando place al tulipán.

Así que no es tarde, no es tarde. Estoy vivo
para ensayar la partitura de tu cuerpo una vez más
y desprender del pentagrama todo témpano
que enfríe los acordes con que se abre
el estuche de azafrán donde ocultas el verano
para que no lo asierren las termitas.

Winter held me up.
Its coconut husk hardened in my tendons
and imposed skull on my cartilage instead of snow.
In me the creation of ice was exercised
but no one could silence for my ears
the tongs of pollen when they please the tulip.

So it's not late, it's not late. I'm alive
to rehearse the score of your body once more
and break off from the pentagram any ice floe
that might chill the opening harmonies
of the saffron case where you hide summer
so that the termites might not saw it down.

Tus labios me secuestran las palabras
para ensartar escarcha en la retina del jaguar.

No habrá sonido que amanse la garra en el vientre
ni la voz en letargo que será cicatriz más allá del carámbano.

Sólo los rombos de la noche que abotonan el rugido de la aurora.

Your lips highjack my words
to skewer frost against the jaguar's retina.

There won't be any sound to soften the talon in my gut
or a voice in lethargy which will form a scar beyond the icicle.

Only the rhombuses of night that cinch the rumbling of dawn.

Cruzo la fronda de tus pestañas
me siento en la ribera de tu frente
y me pongo a pescar en la bahía
de tus ojos llenos de delfines.
La caracola de tu iris corta el sedal de mi caña
y mi anzuelo se descuida en la junquera de tu sueño.

Ya no podré devolverte
las escamas de cristal que perdiste bajo el llanto.

I cross the frond of your eyelashes
I sit at the shore of your brow
and I set to fishing in the bay
of your eyes brimming with dolphins.
The conch of your iris snaps my line
and my hook lets down its guard in the cattails of your dreams.

I won't be able to give you back
the rows of glassy scales you lost beneath your tears.

Tú no me cazas, pero me domas.

Libérame las alas al menos en la hierba.

You don't hunt me but you tame me.

Free my wings if only in the grass.

Dónde estuviste al helarse los pájaros.

En el troquel de tu recuerdo,
umbral de tu presencia,
se apelmazaban las tortugas
y ardían las ardillas.

Vuelve después de devorar el vuelo.

Where were you upon the freezing of the birds?

Through the sprue of your memory,
threshold of your presence,
turtles jammed together
and the squirrels were burning.

Come back after bolting down the flight.

He descifrado el pistilo de arena que cava los poros.
Sé que sólo entienden el desasosiego de las algas
los que han dormido a solas en el mar.

Por eso a la deriva no aceptaré rescate.

I have deciphered the pistil of sand that bores into the pores.
I know that only those who have slept alone at sea
can comprehend the restlessness of algae.

And so, adrift, I won't accept a line.

El moka inaugura en tus labios
el bazar más bizarro del zoco.

Véndeme tu cintura de eucalipto.
La mordedura del koala es dulce.

Mocha makes the grand opening
of the Zoco's best bazaar on your lips.

Sell me your eucalyptus hips.
The koala's bite is sweet.

El lunar no se incrusta en tu carne.
Tu carne bordea el abismo.

Así una tarántula la tranquilidad.

The birth mark does not set into your skin.
Your skin rounds against the abyss.

Like a tarantula edges against the calm.

Los mirlos beben el agua donde te lavas las manos
porque saben que afilé la ligereza con tus índices.

Tarda más la luz en no llegar que tú en arponearle las estrellas.

Blackbirds drink water where you wash your hands
because they know I sharpened levity with your fingers.

Light takes longer not to arrive than you to harpoon for it the stars.

Hay una invocación que desconoces
y un rito celebrado detrás de tu inquietud.

Apalabro con la lluvia
el doble tulipán de tus pestañas.

There is an invocation you don't know
and a ritual celebrated behind your worries.

The rain and I agree upon
the double tulip of your lashes.

De ti los disparos. Los dardos te apuntan. Son tuyos los dardos. Te
desangrarás.

Maquillándote propagas el eco de la luz.

Reflejo que es reflejo del reflejo en el reflejo.

The shots report from you. Darts aimed at you. Your darts. You will
bleed out.

Putting on your make-up, you propagate the echo of the light.

Reflection that is reflection of reflection in reflection.

Un laberinto nuevo, una tortuga
me pusieron tras la pista de tu respiración.
Tu esqueleto es de zafiro
y más abajo un golfo sin flota
y más abajo el paladar de los corales
y más abajo un aeropuerto abisal
y debajo la ciudad de tus células más tropicales,
la piscina donde un ángel lima sus alas
para ofrecerte en el baño su vuelo y que puedas al fin respirar
desde la intimidad de los principios.

A new labyrinth and a turtle
put me on the path of your breathing.
Your skeleton is sapphire
and lower down, a gulf without a fleet,
and lower, the palate of the reef,
and lower, an airport in the depths,
and below, the city of your most tropical cells,
the pool where an angel files down his wings
offering you his flight in bathing so you can finally breathe
from the intimacy of origins.

Detrás de la palabra las tijeras y detrás la cicatriz.
Corto el rizo de plata de tu respiración
y tú me pasas por la quilla de tus dientes.

Despertaré y tu boca habrá olvidado
que anoche fui remero en sus galeras
bajo el cuarto creciente de la perplejidad.

Behind the word the scissors and behind that the scar.
I cut the silver curl of your breath
and you run me along the keel of your teeth.

I will wake and your mouth will have forgotten
that last night I was a rower in its galleys
under the waxing crescent of perplexity.

Precipitarse.
Derrumbarse los renos por la pendiente
a la hora concreta de la perfección.
Una llamada de auxilio desde el glaciar.
Mil tambores que atestiguan
el ensamblaje atroz de un ecosistema ártico.
Un incendio en una isla sofocado por la escarcha de los cocoteros.

Saber que vas a despertarte
es provocar un alud.

Plunging from up high.
The reindeer spilling over the slope
at the exact hour of perfection.
A call for help from the glacier.
A thousand drums to testify
the awful assemblage of an arctic ecosystem.
An island fire suffocated by the frost of coco palms.

Knowing you will wake
provokes an avalanche.

No hubo faro
hasta que bostezaste.

Hay un dolmen
donde dormías.

There was no lighthouse
until you yawned.

There is a henge
here where you slept.

Luna de junio.
Bumerán de verano
que siembra nieve.

June moon.
Boomerang of summer
sowing snow.

Donde el oráculo vive merodean escualos.

Búscale cuando se duerma el farero
y el canto de las orcas vaticine un abordaje a tu futuro.

Sharks loiter where the oracle abides.

Look for it when the lighthouse keeper takes to sleep
and the orcas' song foreshadows an embarkation to your future.

Tus huesos liberaron al dragón
que revocó el curso de la corriente.

He visto antes de ahogarme el arrecife
donde mi cuerpo percute y restaura el ritmo de las mareas.

Your bones freed the dragon
that revoked the current's course.

Before drowning I saw the reef
where my body nudges to restore the tidal beat.

Detonas pájaros en el glaciar de tu vientre
para atraer a las pirañas.

Aún te quiero cuando empiezan a morderme y se congelan.

You explode birds in the glacier of your belly
to call piranhas here.

I still love you when they begin to bite me and they freeze.

El gran talador apura los linderos del calor
para que no se resienta tu temperatura.

Después fuma tulipanes en la pipa de la culpa
y pretende recordar el origen de las hachas.

The great tree feller consumes the boundaries of heat
so that your temperature might suffer less.

Afterwards, he smokes tulips in the pipe of guilt
and endeavors to remember the origin of axes.

Yo comprendo la temible escarcha de tu sonrisa.

Hace tiempo que cultivo a tus espaldas
el vivero subterráneo donde se crían las azucenas
con que amasas pacíficamente tu máscara boreal.

I understand your smile's frightful frost.

A while now, behind your back, I tend
the underground nursery of white lilies
with which you gather calmly your borealis mask.

No te he ardido.
Te he sollamado con un vahaje de primavera cobriza
escurriendo la esponja alfilerada del otoño más insumergible
sin derretir aún los gajos que rellenó el invierno.

Pero arderás.
Te arderé hasta el iris cuando allá el verano
metalice en su fragua todo estambre
y mis dedos se dediquen al declive de las dalias.

I did not inflame you.
I've singed you with a breath of coppered spring
wringing the prickly sponge of the most undrowning autumn
without melting still the citrus filled by winter.

But you will burn.
I will burn you to the iris when summer there
turns every stamen into metal in its great forge
and my fingers find the fall of daffodils.

II

Vienen otros en las venas.
Lato y es el tiempo. Pongo
a secar la ropa. Compro
un reloj en cada tienda
y les saco las manillas
para clavarme una era
en cada poro. Se cena
tarde, frío y con la prisa
del cuchillo frente al péndulo.
En la sangre se resuelve
el apetito, la muerte,
la ecuación clara del tiempo.

In the veins, others will come up.
Time beats; it's me. I put
the clothes in the dryer. I get
a clock from every shop
and I pull their hands off
to jam into each of my pores
an era. And dinner's
late, cold, hurried as a knife
facing down a pendulum.
Blood is a solution for:
appetite, death, the clear
equation of time.

También yo tengo mis horas
para el hambre. El intestino
es un calendario digno
de atención para mi boca.
Busco cuando estoy hambriento
y si no puedo encontrar
a nadie me escondo tras
el biombo del deseo,
y allí maldigo las veces
en que nunca tuve hambre
cuando el tiempo era una suave
rebanada con aceite.

I've got my own hour
for hunger. The guts
are a calendar which merits
the attention of my mouth.
I sneak when I feel lean,
and if I can't find
anyone to share, I hide
behind desire's screen.
There I curse the spoiled
times I wasn't even hungry,
when time was just a fluffy
slice, toasted, salted, oiled.

No tengo memoria. Existo
porque otro insiste en que ronco.
Pero eso es distinto. Borro
lo que duermo con el ruido
porque al dormir suscribimos
lo que ha pasado en el día
y es necesario en la vida
tergiversar ese olvido.
Por eso los elefantes
usan toda su memoria
en recordar una sola
lección: dormir verticales.

I have no memory. I am
because another says I snore.
But that's different. What's more,
noise erases everything I dream.
Because in sleeping we confirm
all that transpires in a day
and it's necessary, in a way,
to twist forgetting's charm.
Elephants, *ensuite*,
use their prodigious brain
to keep a single lesson keen:
sleeping on their feet.

Cuando un cuerpo dice no
se rebelan las hormigas.
Una marabunta explica
las agendas, el pudor
con que el día se retrasa,
esta mueca de las horas
que anticipan la derrota
del cuerpo que se rechaza.
Para arrasar una sombra
es necesario vivirlas
todas, cerrar la mandíbula
y aceptar lo que se roza.

When a body says
no, the ants put on a mutiny.
Weekly agendas, the prudery
with which the day delays,
make sense in the colony.
The hive explains the snarl
of hours which foretell
the defeat of the rejected body.
To burn down a single stark
shadow you've got to live right
through them all; make your jaw tight
and accept the bumps in the dark.

Ínfima tortuga: yo
también pretendo escapar
del empedrado y sacar
el cuerpo por elección.
Quiero correr por la playa
sin el peso de esta concha
que se me encarama y dobla
el tiempo sobre mi espalda
(luz, arena, carne y agua
dan caparazón al tiempo.)
En mi caso el esqueleto
es como el tuyo: se atrasa
por odio del relojero.

Insignificant turtle: I
also aspire to escape
the asphalt cityscape
and use my body freely.
I want to run along the shore
without the weight of this shell
that piles on me and swells
the heft of time I've borne.
(light, sand, water, flesh
make a shield for fate.)
My bones, a particular case,
are like yours, made continually late
by the watchmaker's hate.

Camino sin buscar nada
porque llueve porque llueve.
No me interesa el mar (tiene
mucha sal y poca agua)
ni las nubes, ni los ríos,
ni los charcos, ni las presas,
ni las fuentes, ni las lágrimas.
No comprendo que lo líquido
se agrupe. La sed se espesa
frente al vaso. No ante el agua.
Porque el tiempo nunca pasa,
no tiene cuerpo, gotea.

In search of nothing, I putter
about because it's raining, because it rains.
I'm not interested in the ocean (it contains
a ton of salt but not much water)
or rivers or clouds
or puddles or piers
or springs or tears.
With liquid, I'll never understand how
it adheres. Thirst makes thicker sips
at the glass. Not facing out to waves.
Because time never moves,
it has no body but only drips.

(sobre un poema de Carl Sandburg)

The fog comes
on little cat feet.

It sits looking
over harbor and city
on silent haunches
and then moves on.

Puede que no haya mejor
imagen del tiempo que ésta:
en un puerto, un gato y niebla.
Pero a Carl se le olvidó
aclarar que el gato era
otra cosa que la niebla
misma, y que aquella ciudad
era más vieja que el mar.
Así está bien. Un maullido
flota, un vapor ronronea.
El gato explica la niebla
como el tiempo el infinito.

(on a poem by Carl Sandburg)

The fog comes
on little cat feet.

It sits looking
over harbor and city
on silent haunches
and then moves on.

Maybe there's no image
more apt for time than this:
a cat in fog, the docks.
But Carl forgot to mention
that the cat was not quite
the same as thing as time
itself, and that the city
was older than the sea.
It's good like that. A meow
floats off, a haze is purring.
The cat explains the fog
like time explains infinity.

Soleares del amor gemelo

Para Engracia y Rosa Mariscal

y la esperanza es vínculo del viento
Gabriel Bocángel

Acostado entre tus huesos.
Quisiera quedarme antiguo
acostado entre tus huesos.

Quisiera quedarme antiguo
en el ámbar de tu cuerpo.
Quisiera quedarme antiguo

en el ámbar de tu cuerpo
y que no me descubrieran
en el ámbar de tu cuerpo.

Y que no me descubrieran
sin alguna arteria dulce.
Y que no me descubrieran

sin alguna arteria dulce
en el hallazgo del tiempo.
Sin alguna arteria dulce

en el hallazgo del tiempo
detenido en tus costillas.
En el hallazgo del tiempo

Soleares of Twin Love

For Engracia and Rosa Mariscal

...and hope is the linking of the wind
Gabriel Bocángel

Lying among your bones.
I'd like to stay ancient
lying among your bones.

I'd like to stay ancient
in the amber of your body.
I'd like to stay ancient

in the amber of your body
and not be discovered
in the amber of your body.

And not be discovered
without some sweet artery.
And not be discovered

without some sweet artery
in the discovery of time.
Without some sweet artery

in the discovery of time
motionless among your ribs.
In the discovery of time

detenido en tus costillas
quisiera quedarme antiguo
detenido en tus costillas.

Quisiera quedarme antiguo
mientras te quedas dormida.
Quisiera quedarme antiguo

mientras te quedas dormida
acostada entre mis huesos.
Mientras te quedas dormida

acostada entre mis huesos.
Acostado entre tus huesos.
Acostada entre mis huesos.

motionless among your ribs
I'd like to stay ancient
motionless among your ribs.

I'd like to stay ancient
while you stay fast asleep.
I'd like to stay ancient

while you stay fast asleep
lying among my bones.
While you stay fast asleep

lying among my bones.
Lying among your bones.
Lying among my bones.

Me borro. Viajo entre insomnes
que nunca bostezan. Pueden.
Tengo carne para trenes
e impaciencia por la noche.
Duermo con alarma, bebo
con reticencia, me baño
en las fuentes de ese barrio
donde abunda lo que pierdo
y aumenta la incertidumbre.
No aprendí a contar las horas
del deseo cuando sobran,
un camino que no sube.

I erase myself. Among insomniacs
that never yawn. They could.
For trains I've got flesh
and impatience for the black.
I sleep with an alarm, I drink
cautiously, I bathe in fountains
in that neighborhood that's full
of all the things I lose
and where uncertainty is growing.
I didn't learn to count the hours
of desire when there are too many,
a road that doesn't rise.

Conozco lo que vivo
pero también conozco lo que sueño.
Hay una irrealidad propia del tiempo
en quedarse dormido.
Es una despedida,
es sacarse la espina de los dientes,
saberse por encima de la muerte
en el número incierto de los días
que se nos dan para cerrar los ojos
y abrirlos con un toque de esperanza
y cerrarlos y abrirlos y en la almohada
dejar hablar al tiempo por los codos.

All I live my mind keeps
but what I dream I also know.
Time has an irreality all its own
in falling fast asleep.
It is a kind of farewell,
plucking bones from out your teeth,
knowing you're above death
in the uncertain tally
of the days we each will have to close
and open up our eyes with hope,
and close them and open them and on the pillow
let time talk up a storm.

Tardo y miro. Me detengo
a dudar sobre mis pasos.
Una cosa es ese lado
donde me prosigue el tiempo
y otra distinta este otro
lado que nadie conoce,
lado al que no hay quien se asome
si no soy yo, que me asomo
con el miedo ante la cobra
y las manos como siempre,
doloridas, como un fénix
cuando duerme entre las rosas.

I tarry and I look. I stop
to doubt about my steps.
One thing is this side where
time persists me,
and another very different thing
that other side which no one knows,
a side no one can sidle up to
except for me, and I approach
with the same fear as before a cobra
and my hands just like always,
in pain, like a phoenix
when it's sleeping among the roses.

A veces uno no aprende
a vivir con los recuerdos.
Se niega que pase el tiempo,
que se cruzasen los puentes
de arena que nos separan
de todo lo que sentimos
hace años. Y es hoy mismo
que aparece, porque estaba,
lo que llamamos recuerdo
por no llamarlo fracaso,
fractura del día, algo
que nos mata estando muerto.

Sometimes you just don't learn
to live with your memories.
You deny that time goes by,
that bridges of sand that span
to us from all we felt years ago
were crossed. And today's the day
what we call memories,
to avoid naming them as failures,
appear, because they were always there:
a fracture of the day. Something
that kills us even though it's dead.

Desamo. Duermo en la ropa
fuera de la piel. Desquiero
cuando menos pasa el tiempo,
cuando siento que aminora
el corazón de las fotografías
porque ya no quedan nervios
que roturar y me pierdo
entre estas toscas manillas
que obligan, porque desisto,
a odiar la luz en su tránsito;
que apuntan, porque amenazo,
al centro de mi carne, el negativo.

I unlove. I sleep in my clothes
outside my skin. I undesire
when it seems that time is tired,
when I feel the photos'
heart starts losing ground
because no new nerves remain
to plow. And I lose my name
between these small but brutal hands
which obligate me, because I strive
ever less, to hate the light in its motion;
hands that point, because I threaten,
to the center of my body, the negative.

Aplico lo que sé, tomo
medidas para olvidarte,
tiempo. Bebo, me distrae
pensar que a tu salud. Como
el pan de los aquelarres,
dono parte de mi fauna
al zoo, malvendo mi casa,
me enrolo por no quedarme
en ti, cometa sin prisa,
que me arrebatas el robo
e ignoras lo que no ignoro
yo de ti: que así es mi vida.

I apply what I know, I forget
you, time, I drink to your health
(anyway, I say to myself).
Or at least I try. I even eat
the bread of witches' coven.
I donate a portion of my many
beasts to the zoo, sell my house for a penny.
I enlist to keep from getting mired
in you, you listless comet:
you snatch the booty from my hand,
and you don't know what I understand
about you: my life is just like that.

Tiene sus inconvenientes
no saber lo que es nevar.
Hay quien gusta de sacar
fotos falsas a la nieve
recién caída. No es esa
la nieve, ni su blancura
ni su candor me interesan.
La nieve es cruda, una aguda
pinza que corta los músculos
del tiempo, que rompe escudos,
que bloquea mapas. Nadie
sabe lo que es nevar. Nadie.
He dicho nevar, caldero
de cal muerta, catarata
que destaza un panorama.
Y hace frío junto al fuego.

Not knowing what snow is
causes certain setbacks.
There are some who get their kicks
from taking artificial photos
of snow recently laid down. That's
not snow, nor does that glow
or candor interest me. Snow
is raw. Though soft, it's a sharp
pincer cutting muscles out from under
time, blasting shields asunder,
blocking maps. Nobody
knows snow. Nobody.
I said snow, snowing, cauldron
of dead limestone, cascade
butchering a landscape.
And next to the fire, frozen.

El ruido, su partitura
roja. No puedo callarme,
me impongo al silencio, arde
mi vocación de batuta
salvaje, no me avergüenzo
porque tengo domicilio
en el escándalo, vivo
con los pulmones abiertos
al humo de este verano
que acelera y borra fusas.
Yo quemé la partitura.
Lo testifican mis manos,
el ruido, la carne oscura.

Noise, its crimson staves.
I cannot be quiet,
I impose myself upon silence,
my burning vocation as a savage
baton; I'm not ashamed
because I have a home
in scandal, I live
with my lungs open wide
to the smoke of this summer,
accelerating and erasing little notes.
I burned the partiture.
My hands give testimony to it
as do the noise and the darkened flesh.

Tengo que salir adentro.
No me muevo y así todo
se desliza, los cronómetros
alteran su viaje esférico
como un ave migratoria
disecada. No moverse
es una danza del vientre
contra una audiencia en derrota.
No me muevo. Se destaca
en mi quietud mi combate.
También así en las cariátides.
Son de piedra, pero bailan.

I have to flee within.
I keep still and thus
everything slides by, stopwatches
alter their spherical migration
like a seasonal bird, late,
dissected. Keeping still
is a belly dance styled
for an audience in defeat.
I do not move. In my peace
my battling is notably on view.
For caryatid maidens the same holds true.
They may be stone but still they dance.

La pecera de la lluvia
está llena de naufragios.
Unas alas no aseguran
que haya viento. Como máximo
un tren llega a su destino
pero no sus pasajeros.
Yo también he conocido
la libertad del trayecto
y lo que es ya casi estar.
Pero a nada alcanza nadie
y vivir es no escapar
del tiempo, saber quedarse.

The rain's fishbowl
is to the brim in wrecks.
A few wings cannot settle
the existence of a wind. At max,
a train arrives at its destination
but its passengers are late.
I have also known
the freedom of the route
and the sense of almost closing out the trip.
But no one quite reaches anything anyway,
and living is failing to escape
from time, it's knowing how to stay.

Si yo no supiera nada
pero lo supiera todo
antes, como cuando borro
los fallos de la pizarra.
Si lo que aprendo durara
antes de aprenderlo, puede
que nunca me equivocara
y que me conociera siempre.
No sé. Veo pasar nubes
que ya estuvieron aquí
y vuelven para decir
que no estaba donde estuve.

If I didn't know anything
but had known it all before,
like when I erase my wrong
answers from the board.
If what I learn now could stick
from before I learnt it, there:
then I'd never make mistakes
and I'd know myself forever.
I don't know. Clouds pass
here that already went by
and they come back to say
that I wasn't where I was.

La música es una forma
de la piedra: cuando acaba
deja tiritando el agua
y la imprime nota a ola.
La vida, fósil futuro,
es diplodocus de espera
que no renuncia a la hierba
frente al pelotón del humo.
Lo que ha existido se queda
codificado en la piedra
impaciente hasta la última
catedral que lo contenga.
Después, me queda una duda.

Music is a certain kind
of stone. When it leaves
the water trembles, it's done
but it imprints therein a wave.
Life, which the future will make
a fossil, is a diplodocus of patience
which does not renounce its grazing
when facing down a squad of smoke.
That which has existed is stuck
codified in the impatient rock,
even down to the very last
cathedral persisting brick on brick.
And still a final doubt won't let me rest.

(sobre la Primera Elegía Romana de Goethe)

Hay que nacer para verte,
Roma, y hay que vivir solo
para conocerte. Solo
vivo y nací de la muerte
de un amor. Se puso el tiempo
a rebosar los barriles
y yo me atreví a decirle
que sólo en Roma consiento
ahogarme despacio, con la
inquietud frenada en seco.
Porque no es amor amor sin tiempo
ni sin tiempo Roma es Roma.

(On Goethe's First Roman Elegy)

One must be born to see you,
Rome, and one must live solely
to know you. I live solely
and I was born in the death
of a love. Time set itself
to overflowing its own barrels
and I dared to tell it that
only in Rome would I consent
to suffocating slowly, with
my anxiety stopped on a dime.
Because timeless love is not love
nor is Rome Rome without time.

Elegía del tiempo

Para Bernard Nöel

Qué tienes por propio.
¿Acaso las piernas,
las ingles?

Ni el árbol
puede sostener
su fruta.

Desde cuándo has estado
buscando un labio
tuyo

tuyo ahora
en el después te tumbarás
desnudo

rumiando piedras
con dientes
de agua.

Elegy of Time

For Bernard Nöel

What do you have that is your own.
Maybe your legs,
or maybe your groin?

Even the tree
cannot bear
its fruit.

Since when have you been
looking for a lip
of your own

your own now
in the afterward you'll lie down
naked

ruminating stones
with teeth
of water.

Pedro Larrea (Madrid, España, 1981) es autor de tres libros de poemas: *La orilla libre* (2013); *La tribu y la llama* (2015); y *Manuscrito del hechicero* (2016) traducido al inglés por Benjamin Eldon Stevens como *The Wizard's Manuscript* (Valparaíso, USA, 2017). Su poesía ha aparecido, entre otras, en la prestigiosa revista española *Revista de Occidente*. Ha leído como poeta invitado en lugares como la Biblioteca del Congreso en Washington DC, la Biblioteca Pública de Nueva York, la Universidad de Nueva York, la Universidad de Emory, la Universidad de Kentucky, el Walt Whitman Birthplace State Historic Site, el Festival Internacional de Poesía de Granada (España), y la Universidad de los Andes (Bogotá, Colombia). Como ensayista, es autor del estudio *Federico García Lorca en Buenos Aires* (Renacimiento, 2015). Como traductor, ha publicado la edición en español de *Book of Hours* de Kevin Young *(Libro de horas*, Valparaíso, 2018). Recibió su maestría y doctorado en español de la Universidad de Virginia después de graduarse en teoría literaria y literatura comparada en la Universidad Complutense de Madrid, España. Actualmente, es profesor en la Universidad de Lynchburg, en Virginia.

ABOUT THE AUTHOR

Pedro Larrea (Madrid, Spain 1981) is the author of three books of poems: *La orilla libre / The Free Shore* (2013); *La tribu y la llama / The Tribe and the Flame* (2015); and *Manuscrito del hechicero* (2016) translated into English by Benjamin Eldon Stevens as *The Wizard's Manuscript* (Valparaíso USA, 2017). His poetry has been featured in, among others, the prestigious Spanish journal *Revista de Occidente*. He has read as a guest poet in venues such as the Library of Congress in Washington DC, the New York Public Library, New York University, Emory University, the University of Kentucky, the Walt Whitman Birthplace State Historic Site, the International Poetry Festival of Granada (Spain), the Universidad de los Andes (Bogotá, Colombia) and elsewhere. As an essayist, he has authored the scholarly study *Federico García Lorca en Buenos Aires* (2015). As a translator, he has published the Spanish edition of Kevin Young's *Book of Hours* (*Libro de horas*, Valparaíso, 2018). Pedro received his MA and PhD in Spanish from the University of Virginia after graduating in literary theory and comparative literature from the Complutense University of Madrid, Spain. Currently, he is an Assistant Professor of Spanish at the University of Lynchburg, in Virginia.

Zachary Rockwell Ludington enseña lengua y literatura españolas en la Universidad de Maine. Es doctor en filología hispánica por la Universidad de Virginia. En 2014 ganó una beca del PEN/Heim Translation Fund por su traducción de *Carne de píxel*, de Agustín Fernández Mallo.

Zachary Rockwell Ludington teaches Spanish language and literature at the University of Maine. He earned his PhD in Spanish at the University of Virginia. In 2014 he won a grant from the PEN/Heim Translation Fund for his translation of *Pixel Flesh*, by Agustín Fernández Mallo.

Colección
TRÁNSITO DE FUEGO
(Homenaje a Eunice Odio)

1
41 meses en pausa
Rebeca Bolaños Cubillo

2
La infancia es una película de culto
Dennis Ávila

3
Luces
Marianela Tortós Albán

4
La voz que duerme entre las piedras
Luis Esteban Rodríguez Romero

5
Solo
César Angulo Navarro

6
Échele miel
Cristopher Montero Corrales

7
La quinta esquina del cuadrilátero
Paola Valverde

8
La esencia de mis infinitos
Laura Gómez

Colección
LABIOS EN LLAMAS
(Homenaje a Lydia Dávila)

1
Fiesta equivocada
Lucía Carvalho

2
Entropías
Byron Ramírez Agüero

◆◆◆

Colección
SOBREVIVO
(Homenaje a Claribel Alegría)

1
#@nicaragüita
María Palitachi

Para los que piensan, como Antonio Machado, que el *corazón espera/también hacia la luz y hacia la vida,/otro milagro de la primavera,* este libro se terminó de imprimir en el mes de noviembre de 2018 en los Estados Unidos de América.